Werkstattunterricht

Ich und meine Familie

Bernd Jockweg
Illustrationen: Anne Wöstheinrich

SCHUBI

Kopierrecht

Das Werk und seine Teile sind urheberrechtlich geschützt.
Mit dem Kaufpreis ist das Kopierrecht für den persönlichen Unterrichtsgebrauch abgegolten.
Jede weitere Vervielfältigung ohne ausdrückliche Genehmigung des Verlages ist untersagt. Ohne solche Genehmigung dürfen weder das Werk noch seine Teile in ein Netzwerk gestellt werden. Dies gilt sowohl für das Internet wie auch für Intranets von Schulen oder sonstigen Bildungseinrichtungen.

Autor: Bernd Jockweg, Münster (D)

Beraterteam Deutschland:
Maria Holtappels, Conny Jonas, Cathrin Stracke, Ulrike Tönnißen

Beraterteam Schweiz und Redaktion:
Cornelia Hausherr, Winterthur
Susan Edthofer, Engelburg
Ursula Gnädinger, Schaffhausen

Illustrationen: Anne Wöstheinrich, Münster (D)
Grafische Gestaltung: Albert Bartel, Münster (D)

© 2007 SCHUBI Lernmedien AG
CH-8207 Schaffhausen

service@schubi.com
www.schubi.com

1. Auflage 2007

ISBN 978-3-86723-016-2

Vorwort des Autors

Wie unterrichtet man in einer Klasse, in der Kinder lernen, die bei der Einschulung schon Entwicklungsunterschiede von bis zu drei Jahren aufweisen? Wie geht man mit einer Klasse um, in der neben Kindern, die schon lesend in die Schule kommen, Kinder sitzen, die in ihrem Leben noch nie Erfahrungen mit Schriftsprache gemacht haben, weil zu Hause niemand liest oder schreibt?

Zu diesen Fragen kam an unserer Schule die Einführung des jahrgangsübergreifenden Unterrichts. Dadurch erweiterte sich die Spanne von unterschiedlichen Lernerfahrungen noch ein wenig mehr. Gleichschrittige Unterrichtswerke, die von einem „Durchschnittskind" ausgehen, waren hier endgültig keine Lösung mehr.

Alternative Unterrichtsformen waren gefordert, aber es fehlten bisher gerade für den Anfangsunterricht praktikable Unterrichtsmaterialien, die auf die unterschiedlichen Lernerfahrungen der Kinder, aber auch der Lehrerinnen und Lehrer Rücksicht nehmen.

So ist ein Konzept entstanden, das sowohl in jahrgangsübergreifenden Eingangsklassen 1/2 als auch in Jahrgangsklassen (1. oder 2. Schuljahr) erfolgreich eingesetzt wurde. Als einen Baustein dieses Konzeptes halten Sie eine Werkstatt in den Händen, die so aufgebaut ist, dass sie Angebote bietet für eine ganze Bandbreite von Kindern in ihrem ersten und zweiten Lernjahr: ob die Kinder erst am Anfang ihres Lernprozesses stehen oder ob sie schon vielfältige Erfahrungen gemacht haben, möglicherweise schon lesen und schreiben können.

Ich wünsche Ihnen und Ihrer Klasse mit der vorliegenden Werkstatt viel Vergnügen.

PS: Aus Gründen der Lesbarkeit und um nicht überall „die Lehrerin/der Lehrer" schreiben zu müssen, wird im Text nur die weibliche Form verwendet in der Hoffnung, dass sich die männlichen Kollegen genauso angesprochen fühlen.

Inhalt

3 Vorwort
6 Themenübersicht aller Werkstätten

Lehrerkommentar

8 Grundsätzliches zum Werkstattunterricht
9 Organisatorische Hinweise zu dieser Werkstattreihe
10 Inhaltliche Hinweise zur Werkstatt „Ich und meine Familie"

Auftragsübersicht

14 Erläuterungen zu den Arbeitsaufträgen

Auftragskarten

20 Mein Steckbrief (1)
   Faltheft: Ich (2)
21 Körperwörter (3)
   Junge und Mädchen (4) – D
   Junge und Mädchen (4) – CH
22 Was mein Körper alles kann … (5)
   Das kann ich schon – Das will ich lernen (6)
23 Hobbys (7)
   Gefühle-Memospiel (8)
24 Was machen die Kinder? (9)
   Namensgedichte (10)
25 Lieblingsdinge (11)
   Meine Klasse (12)
   Hier wohne ich (13) – D
26 Hier wohne ich (13) – CH
   Meine Familie (14)
   Lesen, malen und schreiben (15)
27 Mein Stammbaum (16)
   Ich gehöre zu meiner Familie (17)
28 Lauter Verwandte (18)
   Aufgaben in der Familie (19)
   Familiengeschichten (20)

29 Leere Kopiervorlagen für eigene Auftragskarten (1/3 und 2/3 A4)
30 Leere Kopiervorlagen für eigene Auftragskarten (1/2 und 1/2 A4)
31 Leere Kopiervorlagen für eigene Auftragskarten (A4)

Arbeitsblätter

34	Mein Steckbrief (1)
35	Faltheft: Ich (2)
36	Körperwörter (3)
37	Junge und Mädchen (4)
38	Das kann ich schon – Das will ich lernen (6)
39	Hobbys (7)
40	Namensgedichte (10)
41	Lieblingsdinge (11)
42	Meine Klasse (12)
43	Hier wohne ich (13) – D
44	Hier wohne ich (13) – CH
45	Meine Familie (14)
46	Lesen, malen und schreiben: einfache Variante (15)
47	Lesen, malen und schreiben: schwierigere Variante (15)
48	Mein Stammbaum (16)
49	Mein Stammbaum: Namensschilder zum Ausschneiden (16)
50	Ich gehöre zu meiner Familie (17)
51	Vorlagen: Ich gehöre zu meiner Familie (17) – D
52	Vorlagen: Ich gehöre zu meiner Familie (17) – CH
53	Lauter Verwandte (18)
54	Aufgaben in der Familie (19)
55	Familiengeschichten: Schwarzweiß-Vorlage (20)

Kontrolle und Zusätze

58	Lehrerkontrolle
59	Werkstattpass
60	Schmuckblatt liniert
61	Schmuckblatt unliniert
62	Ich-Themenheft

Anhänge und Extras

64	Musik: Lied „Wenn du glücklich bist"
65	Gestalten: Scherenschnitt
66	Sport: Bewegungsspiel mit Familienkarten
69	Familiengeschichten: Erzählbild 1 (Auftragskarte 20)
71	Familiengeschichten: Erzählbild 2 (Auftragskarte 20)
73	Familiengeschichten: Erzählbild 3 (Auftragskarte 20)
75	Familiengeschichten: Erzählbild 4 (Auftragskarte 20)
77	Gefühle-Memospiel (Auftragskarte 8)
81	Lesekarten: einfache Variante (Auftragskarte 9)
83	Lesekarten: schwierigere Variante (Auftragskarte 9)

Themenübersicht aller Werkstätten

Titel   **Möglicher Zeitraum**

In der Schule (No 114 20)   Schulanfang (August)
Ich und meine Familie (No 114 30)   Schulanfang (August)

Auf dem Bauernhof (No 114 21)   September/Oktober
Der Apfel (No 114 31)   September/Oktober

Im Herbst – Der Igel (No 114 22)   Oktober/November
Unsere Umwelt (No 114 32)   Oktober/November

Die Sterne (No 114 23)   Dezember
Weihnachten (No 114 33)   Dezember

Märchen (No 114 24)   Januar/Februar
Licht und Schatten (No 114 34)   Januar/Februar

Magnetismus (No 114 25)   Februar/März
Kunst – Niki de Saint Phalle (No 114 35)   Februar/März

Bauen und konstruieren (No 114 26)   März/April
Meine Sinne (No 114 36)   März/April

Im Frühling (No 114 27)   April/Mai
Gesunde Ernährung (No 114 37)   April/Mai

Rund ums Rad (No 114 28)   Mai/Juni
Computer und Co. (No 114 38)   Mai/Juni

Wasser (No 114 29)   Juni/Juli
Im Zoo (No 114 39)   Juni/Juli

Lehrerkommentar

Grundsätzliches zum Werkstattunterricht

Methodische Überlegungen

Das Konzept des Werkstattunterrichts ist keine neue Erfindung. Schon seit langem lernen Kinder erfolgreich mit dieser Unterrichtsform: Wie in einer „richtigen" Werkstatt arbeiten die Kinder an verschiedenen Aufgaben, aber an einem Thema. Dabei gibt es Aufträge, die von einzelnen Kindern bearbeitet werden und andere, die nur von Gruppen erfolgreich bewältigt werden können. Kinder übernehmen Verantwortung für bestimmte Bereiche, werden hier Experten und sind anderen behilflich. In anderen Bereichen nehmen sie die Hilfe von anderen Kindern an.

Rolle der Lehrerin

Die Rolle der Lehrerin ist im Werkstattunterricht eine gänzlich andere als beim traditionellen lehrerzentrierten Unterricht: Sie ist Beraterin, Organisatorin der Lernprozesse, unterstützt Kinder, die noch Schwierigkeiten haben, ihren eigenen Lernweg zu steuern.

Lernanfänger und Rechtschreibung

Für die Bearbeitung der Aufgaben durch die Lernanfänger ist das Konzept „Lesen durch Schreiben" von Dr. Jürgen Reichen sinnvoll: Die Kinder notieren ihre Ergebnisse zunächst lautgetreu und werden im Laufe ihrer Schreibentwicklung nach und nach ihre rechtschriftlichen Fähigkeiten erweitern. Daher können sowohl Lehrerinnen als auch Eltern natürlich von Erstklässlern noch nicht erwarten, dass ihre Arbeitsergebnisse rechtschriftlich der Dudennorm entsprechen. Dies ist besonders wichtig zu betonen, falls Arbeiten als Hausaufgaben bearbeitet werden.

Elternarbeit

Wenn jemand das erste Mal mit einer Werkstatt arbeitet, kann auch ein Elternabend zu diesem Thema wichtig sein. Es kann zum Beispiel eine vorbereitete Werkstatt präsentiert werden, damit die Eltern sich einen Überblick über die verschiedenen Übungsformate und -inhalte verschaffen können. Wenn die Eltern wissen, dass in einer „Werkstatt" nicht nur mit Hammer und Säge gebastelt wird, stehen sie der Öffnung des Unterrichts in der Regel erheblich aufgeschlossener gegenüber. Bei einer rechtzeitigen Bekanntgabe der verschiedenen Werkstattthemen für das kommende Schuljahr finden sich oft auch Eltern, die durch den Beruf Beiträge zum Thema leisten können.

Arbeitsweise, Einführung und Abschluss

Während einer Werkstatt wird es verschiedene Arbeitsphasen mit verschiedenen Sozialformen geben: Einzel-, Partner- oder Gruppenarbeiten zum Thema der Werkstatt. Nicht zu unterschätzen sind aber auch gemeinsame Phasen mit allen Kindern im Sitzkreis, in „Kinoreihen" vor der Tafel oder auch in Kleingruppen. Zur Einführung des Themas bietet sich immer ein Gespräch mit den Kindern im Sitzkreis an, in dem das Thema abgesteckt wird. Dies kann zum Beispiel mit einem Cluster oder Brainstorming geschehen.

Gerade am Anfang ist es sinnvoll, den Kindern nicht alle Aufgaben auf einmal zur Verfügung zu stellen. Für den Start sollten Aufgaben mit verschiedenem Schwierigkeitsgrad eingeführt sein, damit alle Kinder befriedigende Ergebnisse erbringen können.

Jede Gelegenheit, über das Thema zu sprechen, sollte genutzt werden:

- Einführung einer neuen Aufgabe.
- Zu Beginn der Werkstattarbeit kann gemeinsam besprochen werden, welche Aufgaben sich die Kinder für diesen Tag vorgenommen haben.
- In einer Reflexion am Ende des Tages kann über die geleistete Arbeit nachgedacht und ein besonderes Ergebnis entsprechend gewürdigt werden.

Es ist schön, wenn eine Werkstatt ganz zum Schluss mit einem kleinen besonderen Ereignis beendet werden kann. Zum Beispiel mit einem Abschlussfest, zu dem eine andere Schulklasse oder die Eltern eingeladen werden, einer Präsentation von Ergebnissen im Klassenverband oder einer feierlichen Übergabe der Werkstattbücher.

Aufbewahrung

Wie die Werkstatt aufbereitet und den Kindern angeboten wird, hängt vom Platzangebot in der Klasse ab. Eine relativ platzsparende Möglichkeit sind stapelbare Ablagekästen. 20 durchnummerierte Kästen enthalten die 20 Aufgaben der Werkstatt mit ihren jeweiligen Aufgabenkarten. Daneben sollten noch drei weitere Kästen die linierten und unlinierten Schmuckblätter sowie die kleinen Themenhefte (s. S. 60–62) enthalten.

Umgang mit den Arbeitsergebnissen

Auch hier bieten sich mehrere Möglichkeiten an, die verschiedene Vor- und Nachteile haben, letztlich aber vor allem eine Frage des persönlichen Geschmacks sind:

- eine Werkstattmappe, in der alle Arbeitsergebnisse abgeheftet werden. Für kleinere Ergebnisse, die nicht gelocht werden können, empfiehlt es sich, in jeder Mappe eine Klarsichthülle einzuheften,
- ein Hängeregister, in das die Arbeitsergebnisse gesteckt werden,
- eine gemeinsame Kiste, in welche die Kinder ihre mit Namen versehenen Arbeitsergebnisse legen; die Lehrerin sortiert und bewahrt die Ergebnisse dann bis zum Ende der Werkstatt auf.

In allen Fällen sollten die Arbeiten der Kinder zum Abschluss der Werkstatt entsprechend gewürdigt werden.

Organisatorische Hinweise zu dieser Werkstattreihe

Werkstattreihe mit 20 Themen
Die vorliegende Unterrichtseinheit gehört zu einer Reihe von 20 sachkundlich orientierten Werkstätten.

Aufbau
Jede der 20 Werkstätten aus dieser Reihe ist ähnlich aufgebaut und enthält ein übersichtliches Materialangebot, das es den Kindern in Ihrer Klasse erlaubt, sich selbstgesteuert mit dem Thema auseinander zu setzen. So finden sich die Kinder mit jeder durchgeführten Werkstatt besser mit den Materialien zurecht, können auf Erfahrungen zurückgreifen und werden immer selbstständiger damit arbeiten können. Die meisten Materialien sind als Kopiervorlagen angelegt, für Spiele oder Ähnliches sind im hinteren Teil jeder Werkstatt einige farbige Bögen dabei.

Auftragskarten
Die Auftragskarten sollten auf (farbigen) Karton kopiert werden und enthalten eine ausführliche Anleitung für die jeweilige Aufgabe bzw. das Arbeitsblatt. Der Textumfang wird für die meisten Kinder im 1. oder 2. Schuljahr zu schwierig sein. Sie sind auch eher für eine gemeinsame Besprechung im Sitzkreis gedacht, bei der die Lehrerin den Text vorliest und gemeinsam mit den Kindern bespricht. Wer Auftragskarten bevorzugt, die mit wenigen Symbolen auskommen, kann die leeren Kopiervorlagen benutzen, um Aufträge nach eigenen Bedürfnissen zu gestalten.

Unten auf der Karte wird das Helferkind (der „Chef") eingetragen, das für diese Aufgabe die Verantwortung übernimmt. Es hilft, wenn andere Kinder nicht mehr weiterkommen, achtet darauf, dass die Materialien in einem ordentlichen und vollständigen Zustand bleiben und kontrolliert das Ergebnis bei seinen Mitschülerinnen und Mitschülern. Gerade der letzte Punkt verlangt von der Lehrerin Zurückhaltung, bringt aber einen großen Gewinn im Bereich Verantwortungsbewusstsein.

Aufgaben und Arbeitsblätter
20 Aufgaben ermöglichen einen breit gefächerten Zugang zum Thema dieser Werkstatt. Die Auswahl der Aufgaben ist dabei immer möglichst fächerübergreifend angelegt, neben sachunterrichtlichen Aspekten finden sich auch Aufgaben aus den Bereichen Lesen, Schreiben, Rechnen, Wahrnehmung, Konzentration und Feinmotorik. Soweit es sich anbot, wurden Differenzierungsmöglichkeiten innerhalb eines Arbeitsblattes angelegt. Direkte Hinweise dazu finden Sie bei den „Erläuterungen zu den Arbeitsaufträgen" ab Seite 14.

Manche Aufgaben sind nur für Kinder geeignet, die schon lesen können, manche sind eher für Kinder gedacht, die noch große Schwierigkeiten mit dem Lesen haben. In der Regel sind die Kinder in der Lage, sich die Aufgaben herauszusuchen, die für sie richtig und wichtig sind. In manchen Fällen benötigen sie bei der Auswahl aber auch die Unterstützung der Lehrerin.

Dauer und Aufgabenmenge
Wie viele Aufgaben die Kinder in einem bestimmten Zeitraum bearbeiten können, ist sehr unterschiedlich und hängt in erster Linie von der Leistungsfähigkeit der Klasse und des einzelnen Kindes sowie vom zeitlichen Umfang der Werkstattarbeit ab. In der Regel sollten aber die meisten Kinder in der Lage sein, mindestens zwei Aufgaben pro Woche selbstständig zu erledigen. Bei der Dauer von drei bis vier Wochen einer Werkstatt sollte also jedes Kind ungefähr ein Drittel der Werkstattaufgaben oder mehr bearbeitet haben.

Schmuckblätter
Die Kopiervorlagen für linierte und unlinierte Schmuckblätter können bei verschiedenen Gelegenheiten eingesetzt werden. Kinder können sie nutzen, um Lösungen für Aufgaben zu notieren, zu denen es kein Arbeitsblatt gibt, oder wenn sie Bilder und Texte zum Werkstattthema anfertigen möchten.

Themenhefte
Dieses Blatt kann auf festeres, evtl. farbiges Papier (Kopierkarton) kopiert werden. Mit 2–3 leeren Blättern wird es dann zu einem kleinen Heft zusammengeheftet. Die Kinder können danach die Umrisslinie ausschneiden und erhalten ihr persönliches Themenheft zur Werkstatt, in das sie eigene Geschichten schreiben, Notizen machen oder worin sie Dinge sammeln können, die zum Thema gehören. Mit seinem praktischen Format passt das Themenheft in jede Hosentasche. So können die Kinder auch unterwegs, zu Hause und in ihrer Freizeit Beiträge zur Werkstatt sammeln.

Werkstattpass
Auf diesem Blatt malen die Kinder die Aufgaben an, die sie bereits erfolgreich bearbeitet haben. Es dient sowohl den Kindern als auch der Lehrerin als Übersicht. Falls gewünscht, können hier auch (individuelle) Pflichtaufgaben markiert werden. Ebenso kann mit den Aufgaben verfahren werden, für welche die Kinder als Helferkind eingesetzt wurden.

Lehrerkontrolle
Bei Bedarf können hier die Aufgaben notiert werden, welche die Kinder erledigt haben. Werden dabei Symbole (wie +, o, - etc.) verwendet, entsteht auf einfache Art ein Überblick, wie die Kinder mit der Werkstatt gearbeitet haben.

Inhaltliche Hinweise zur Werkstatt „Ich und meine Familie"

Schwerpunkt

Unabhängig davon, ob Kinder neu in der Schule sind oder sie schon ein oder zwei Jahre besuchen, alle müssen sich immer wieder in eine neue Rolle einfinden. Schulanfänger gehören nach einem Jahr bereits nicht mehr zu den Jüngsten in der Schule. Sie werden mehr und mehr Verantwortung für die „Kleineren" übernehmen.

Die Kinder müssen verschiedene Rollen in ihrem Leben einnehmen, ausfüllen und koordinieren: Zu Hause sind sie vielleicht Jüngster, vielleicht Älteste, vielleicht Einzelkind. In der Schule leben sie mit einer erheblich größeren Gruppe vorwiegend Gleichaltriger zusammen. Zu Hause werden Wünsche und Bedürfnisse in einer anderen Art und Weise befriedigt als in der Schule. Daheim gelten zum Teil andere Regeln als in der Schule.

Mit der Werkstatt soll dem Kind bewusst gemacht werden, dass es ein Individuum ist und Eigenschaften besitzt, die es von anderen Kindern unterscheidet. Nicht alle haben die gleiche Lieblingsfarbe, aber es gibt andere, die auch die eigenen Vorlieben teilen. Wir haben unterschiedliche Interessen, aber wir können Gleichgesinnte finden, mit denen wir unseren Hobbys nachgehen können.

Jedes Kind lebt in einer anderen Familie, in einer anderen Familienkonstellation. Familie ist ein zentrales Thema für die Kinder. Das Familienbild befindet sich in einem starken Wandel. Die traditionelle Familie verliert immer mehr an Bedeutung, andere Formen des Zusammenlebens treten in den Vordergrund. In den Klassen finden sich Kinder aus den klassischen Vater-Mutter-Kind-Familien, Kinder von allein erziehenden Müttern und Vätern, Kinder aus „Patchworkfamilien", Kinder, die am Wochenende in anderen Strukturen leben als unter der Woche, Kinder die mit verheirateten oder nicht verheirateten, geschiedenen oder getrennt lebenden Eltern aufwachsen oder Kinder, die mit gleichgeschlechtlichen Eltern leben. Für den Unterricht bedeutet dies, dass die Lehrerin, die Eltern und die Kinder lernen müssen, Toleranz gegenüber den verschiedenen Lebenssituationen zu entwickeln und einander respektvoll zu begegnen.

Viele Dinge können nicht über Werkstattaufgaben bewusst gemacht werden, deshalb sollten gemeinsame Gespräche, in denen die verschiedenen Familienbilder und Werte thematisiert, Vorurteile ab- und Toleranz aufgebaut werden können, einen hohen Stellenwert einnehmen.

Lernziele

Die Kinder werden sich über ihren Körper, ihre Gefühle, Wünsche, Träume bewusst.

Die Kinder werden sich ihrer Stellung, Position und Aufgaben in der Familie und in der Klasse bewusst.

Die Kinder fühlen sich in der Klassen-Familie wohl.

Lehrplanbezüge

Folgende Bereiche des Faches Sachunterricht werden durch verschiedene Aufgaben der Werkstatt und durch den begleitenden gemeinsamen Unterricht angeschnitten:

- Natur und Leben
  - Körper, Sinne und Ernährung (Leistung der Sinnesorgane feststellen)
- Raum und Umwelt
  - Schule und Umgebung/Ort und Welt
- Mensch und Gemeinschaft
  - Zusammenleben in der Schule und zu Hause/Zusammenleben und Beteiligung im Gemeinwesen (Regeln des Zusammenlebens in der Schule aufstellen und beachten; Vielgestaltigkeit von Familien und unterschiedliche Lebenssituationen von Kindern kennenlernen)
  - Konsumgüter und Konsumbedürfnisse
    (Wünsche, Bedürfnisse und den Umgang mit Geld reflektieren)
  - Mädchen und Jungen
- Zeit und Kultur
  - Ich und andere
  - Viele Kulturen in einer Welt

Inhaltliche Hinweise zur Werkstatt „Ich und meine Familie"

Vorschläge für den gemeinsamen Unterricht

- Familienrätsel, zum Beispiel:
  „Mein Vater hat ein Kind. Dieses Kind ist nicht meine Schwester und auch nicht mein Bruder. Wer ist es?" (Ich selbst)

  „Zwei Söhne gehen mit zwei Vätern ins Kino. Sie brauchen aber nur drei Plätze." (Sohn, Vater, Großvater)

  „Eine Mutter hatte drei Söhne. Jeder der Söhne hatte eine Schwester. Wie viele Kinder hatte die Mutter?" (Vier, da alle die gleiche Schwester haben)

  „Simons Vater hat drei Söhne: Sching, Schang und ...?" (Simon)

- Gespräche über individuelle Lebenssituationen sollten möglichst oft stattfinden. Aufgaben oder Ergebnisse aus der Werkstatt können Anlass für die Gespräche bieten. Wichtig ist dabei, dass die Kinder lernen, Toleranz gegenüber verschiedenen Lebenssituationen zu entwickeln.

  Beispiele für Ausgangsfragen können sein: Was macht mich besonders? Welche Wünsche habe ich? Was möchte ich einmal werden? Was kann ich mit meinem Körper (mit einzelnen Körperteilen) alles machen? Was geht nicht? Was kann ich noch lernen? Wie geht es mir in einer bestimmten Situation? Wie fühle ich mich? Was sind Freunde? Wer gehört alles zur Familie? Was ist der Unterschied zwischen Freunden und der Familie? Wie unterschiedlich können Familien sein? Wie unterschiedlich können Familiensituationen/Wohnsituationen sein?

- Eine lohnenswerte Aufgabe ist die „Ich-Kiste". Als Anregung packt die Lehrerin die erste „Ich-Kiste" selber, anschließend überlegen die Kinder gemeinsam, was sonst noch alles in solch eine Kiste gepackt werden könnte. Die Ich-Kiste ist ein besonders gestalteter Karton (Schuhschachtel o. ä.). In diese Kiste werden Dinge gepackt, die für jemanden besondere Bedeutung haben: ein Foto, eine Feder, ein schöner Stein, ein kleines Geschenk von einer besonderen Person, ein Kuscheltier. Ein Kind nach dem anderen nimmt die Ich-Kiste zum Packen mit nach Hause und stellt den Inhalt am nächsten Tag der Klasse vor. Dabei sollte dem Kind auch eine „Privatsphäre" zugebilligt werden, nicht jedes Kind möchte sich vielleicht vor allen vorstellen. Das Kind füllt den Inhalt in eine Tasche um, damit das nächste Kind die Ich-Kiste nach Hause nehmen kann.

- In den beiden Büchern „Was machen die Mädchen?", „Was machen die Jungen?" von Nikolaus Heidelbach (s. Kinder- und Jugendbücher) gibt es für jeden Buchstaben des Alphabets eine Seite, die ein Kind (mit dem jeweiligen Anfangsbuchstaben) in einer besonderen, z. T. auch sehr skurrilen Situation zeigt. Ähnlich können die Kinder in der Klasse ein gemeinsames Buch gestalten: Entweder mit den Namen der Kinder – jedes Kind entwirft seine eigene Seite – oder man betrachtet z. B. nur das Buch „Was machen die Mädchen?" und gestaltet ein eigenes „Was machen die Jungen?"-Buch mit allen Buchstaben des Alphabets.

- Lebenskette aus Perlen: Jedes Kind fädelt eine Perlenkette auf, an der man ablesen kann, wie viele Monate es bereits gelebt hat. Der Geburtstagsmonat wird mit einer besonderen Perle gekennzeichnet.

  Tipp: Da wir unser Alter normalerweise in Jahren und nicht in Monaten rechnen, sollte man in zwei Schritten mit den Kindern vorgehen: 1. Für jedes Lebensjahr 12 Perlen auffädeln: „Ein Jahr hat 12 Monate, die 12. Perle ist besonders, weil da mein Geburtstag ist." 2. Wie viele Monate ist mein letzter Geburtstag her? „Für jeden Monat, den ich seit dem letzten Geburtstag älter geworden bin, gibt es eine weitere Perle." Wenn die Kinder ihre „Lebensmonate" miteinander vergleichen oder zählen, sind sie oft fasziniert, „wie alt" sie schon sind. Mit der Lebenskette sollte man unbedingt die Monatsnamen im Jahresablauf einführen oder wiederholen.

- Gedicht: „Wir" von Irmela Brender.
  Beispielsweise zu finden in: Bausteine Lesebuch 2, Diesterweg Verlag 1996; Mein Lesebuch 5 (S. 11), Verlag Volk und Wissen, Berlin; Gedichte für Anfänger, Joachim Fuhrmann (Hrsg.), Rowohlt Taschenbuch Verlag, Reinbek 1980.

- Gemeinschaftsaufgabe: „Ich und meine Klasse".
  Jedes Kind malt ein Selbstporträt. Die Bilder werden ausgeschnitten und zu einem großen Gemeinschaftsbild zusammengeklebt.

Inhaltliche Hinweise zur Werkstatt „Ich und meine Familie"

Fächerübergreifende Vorschläge

- Musik

„Das Lied über mich", Volker Rosin, Affenschrille Hitbananen, als Liederbuch, MC und CD erhältlich

„Wenn du glücklich bist"... (Musiknoten und Text s. Anhänge)

- Kunst

Bildbetrachtung „Marilyn Monroe" von Andy Warhol. Verfremdung eines eigenen Fotos. Dabei gibt es verschiedene Vorgehensweisen. Eine Möglichkeit ist, ein Foto eines Kindes möglichst hell vierfach zu kopieren. Diese Serie verfremdet das Kind nun mit Wasserfarben oder Farbstiften.

Fotografiert man die Kinder mit einer digitalen Kamera, lassen sich diese Bilddateien (in der Regel im jpg-Format) mit einem Grafikprogramm auf einfache Art verfremden, z. B. mit einem „Pinsel" übermalen, einfärben, Effekte einbauen. Kinder gehen mit dem Medium Computer sehr kreativ und oft viel unverkrampfter als Erwachsene um.

Kleben die Kinder nun ihre vier Variationen auf einen farbigen Untergrund, haben sie ihren eigenen „Warhol".

- Gestalten

„Das bin ich". Sich selbst grafisch darstellen. Fotos mitbringen und betrachten. Details benennen. Sich selbst am ersten Schultag zeichnen, entweder auf die erste Seite im Tagebuch oder auf einen Zeichenblock.

Scherenschnitt mit Schattenriss (Anleitung s. Anhänge). Die Blätter sollten groß genug sein, damit die Schatten der Kinder auf das Papier passen. Statt eines Tageslichtprojektors kann auch ein Diaprojektor genommen werden. Kindern fällt es oft schwer, so lange still zu sitzen. Möglicherweise versucht ein anderes Kinder das porträtierte Kind zu „stabilisieren". Wenn es schneller gehen soll, kann die Lehrerin das Zeichnen übernehmen.

- Sport

Familie Meier, Feier, Geier, Heier ... Die Karten (s. Anhänge) an die Kinder verteilen. Jedes Kind darf nur seine eigene Karte sehen. Auf ein vereinbartes Startzeichen müssen sich die „Familien" finden. Da die Namen sehr ähnlich klingen, ist dies nicht ganz einfach.

Variante: Die Familien müssen sich in einer festgelegten Reihenfolge hinsetzen: Der Vater auf den Stuhl, die Mutter auf seinen Schoß, der Sohn auf deren Schoß und die Tochter obendrauf. Dieses Spiel kann auch gut zur Gruppenbildung eingesetzt werden, allerdings ist dies sicherlich keine leise Angelegenheit. Je nach Gruppengröße kann man ein Familienmitglied oder ganze Familien weglassen.

Möglicher Zeitraum

Einen bestimmten jahreszeitlichen Bezug gibt es bei diesem Thema nicht. Die Werkstatt kann dazu dienen, sich in der Klasse besser kennen zu lernen, da viel über die Verschiedenheit, Einmaligkeit, Vielfältigkeit und Individualität von Personen gesprochen wird. Sie eignet sich daher gut für den Einstieg in ein neues Schuljahr, bei Veränderungen in der Klassenzusammensetzung, der Klassenleitung usw.

Kinder- und Jugendbücher

- Mira Lobe: Das kleine Ich bin Ich. Jungbrunnen Verlag
- Kathryn Cave, Chris Riddell: Irgendwie Anders, Oetinger Verlag
- Nikolaus Heidelbach: Was machen die Jungen? Beltz & Gelberg Verlag
- Nikolaus Heidelbach: Was machen die Mädchen? Beltz & Gelberg Verlag

Auftragsübersicht

Erläuterungen zu den Arbeitsaufträgen

Differenzierungsmöglichkeiten innerhalb einer Aufgabe werden mit gekennzeichnet.

Mein Steckbrief 1

① Neben wenigen allgemeinen Informationen (Namen, Alter, Namen der Eltern) schreiben die Kinder Wichtiges über sich auf.

Kinder, die schon Schreiberfahrungen besitzen, werden aufgefordert, den Artikel vor jeden Begriff zu setzen. Kinder im zweiten Lernjahr schreiben neben jedes Bild einen kleinen Satz.

② Das Kreuzbild auf das leere Raster übertragen.

Faltheft: Ich 2

Für die einzelnen Seiten sollte man mit den Kindern Tipps erarbeiten.

– Auf die Titelseite schreiben die Kinder ihren Namen.

– Das eigene Auge in einem Spiegel betrachten. Augenfarbe benennen: braun, blau, grau, grün, blaugrau …

– Für den Fingerabdruck ein Stempelkissen zur Verfügung stellen.

– Für die Haare gilt Ähnliches wie für die Augen. Eventuell kleben die Kinder eine kleine Haarsträhne auf, vorher genau klären, wo man am besten Haare abschneidet. Sicherheitshalber kann auch vereinbart werden, dass nur die Lehrerin das Abschneiden der Haarsträhne übernimmt.

– Mein Freund/Meine Freundin: Hier malen die Kinder das entsprechende Kind und schreiben den Namen dazu.

– Die Lieblingsfarbe aufmalen oder aufkleben (Ausschnitt aus Zeitschrift).

– Mein Lieblings…: Diese Seite stellt den Kindern frei, was ihnen wichtig ist. Mit den Kindern gemeinsam Ideen sammeln: …tier, …musiker, …schauspieler, …trickfilm, …fußballer etc.

– Auf die letzte Seite kann sowohl das eigene Haus gemalt als auch die Adresse geschrieben werden.

Vorbereitung: Spiegel, Stempelkissen

Körperwörter 3

① Neben die Bilder die entsprechenden Bezeichnungen schreiben.

★ Kinder, die schon Schreiberfahrungen besitzen, werden aufgefordert, den Artikel vor den Begriff zu setzen. Kinder im zweiten Lernjahr schreiben neben jedes Bild einen kleinen Satz.

② Die Seriationsaufgaben vervollständigen.

Junge und Mädchen 4

① Die Bezeichnungen der Körperteile notieren oder von der Auftragskarte abschreiben.
Die fehlenden Striche einzeichnen.

② Die beiden „Smiley-Reihen" vervollständigen.

© SCHUBI

Erläuterungen zu den Arbeitsaufträgen

Was mein Körper alles kann ... 5

Die Kinder kreieren zu mehreren Körperteilen jeweils ein Blatt. Die Wörtersammlungen auf den Blättern sind eine Art Wortfeldsammlung, z. B. zu dem Wort „gehen". Den Kindern soll bewusst gemacht werden, dass wir unsere Körperteile für unterschiedliche Funktionen und Tätigkeiten nutzen.

Vorbereitung: Erfahrungsgemäß nehmen die Kinder diese Aufgabe schneller an, wenn einige Blätter zu verschiedenen Körperteilen vorbereitet werden, vielleicht vom Klassenmaskottchen. Ausreichend Schmuckblätter zur Verfügung stellen.

Das kann ich schon – Das will ich lernen 6

① Bei diesem Arbeitsblatt malen die Kinder die Felder grün an für Tätigkeiten, die sie schon können, und rot für Dinge, die sie noch lernen möchten.

In die freien Felder können noch andere Tätigkeiten eingetragen werden.

★ Für Kinder, die noch nicht lesen können, bieten sich Partner- oder Gruppenarbeiten an.

② Bei der Wahrnehmungsübung sollen die Kinder das entsprechende Zeichen in der nachfolgenden Reihe wiederfinden und einkreisen.

Vorbereitung: Auf der Auftragskarte die beiden Felder entsprechend grün und rot anmalen oder mit farbigen Klebepunkten bekleben.

Hobbys 7

① Bei dieser Übung zur Konzentrations- und Wahrnehmungsschulung folgen die Kinder zunächst den Verwirrlinien (am besten mit vier verschiedenen Farben). So erfahren sie die „Hobbys" der vier abgebildeten Kinder.

② Anschließend passende Sätze zu den Hobbys der Kinder aufschreiben, z. B. „Rolf und Tina spielen gerne Fußball." oder „Iris liebt Puppen und Pferde."

★ Kinder, deren Schreibentwicklung noch nicht so weit fortgeschritten ist, schreiben nur eine Aufzählung, z. B. „Iris: Pferd, Puppe".

Gefühle-Memospiel 8

① Die Kinder spielen das Spiel gemäß den Regeln auf der Auftragskarte.

② Anschließend suchen sich die Kinder jeweils drei Karten aus und überlegen sich, warum das abgebildete Kind so aussieht: Was hat es erlebt? Was fühlt es nun? Dann schreiben sie dazu einen passenden Text, z. B. „Das Mädchen ist traurig, weil es ...".

Für jedes dargestellte Gefühl gibt es mehr als eine Möglichkeit, dieses auszudrücken, z. B. fröhlich, traurig, weinend, lachend, ängstlich, nachdenklich, wütend, träumend, schmunzelnd, verliebt, verlegen, verschlagen.

★ Kinder, deren Schreibentwicklung noch nicht so weit fortgeschritten ist, schreiben nur etwas zu einer Gefühlskarte. Möglich ist auch, eine Wörtersammlung mit Gefühlen anzulegen, die man im Gesicht ablesen kann, z.B. „traurig", „fröhlich"...

© SCHUBI

Erläuterungen zu den Arbeitsaufträgen

Was machen die Kinder?

Die Lesekarten werden so auf dem Tisch verteilt, dass die Bilder sichtbar sind. Das Kind beginnt mit der Titelkarte „Was machen die Kinder?" Es liest den Text auf der Rückseite und sucht anschließend das passende Bild. So geht es weiter, bis es das letzte Bild gefunden hat, auf dessen Rückseite „Ende" steht.

Varianten: Mehrere Kinder verteilen die Karten unter sich. Das Kind, das die Titelkarte hat, liest den Text auf der Rückseite vor. Weiter geht es mit dem Kind, welches das passende Bild zu diesem Text hat.

★ Als einfachere Variante gibt es die gleichen Karten mit jeweils einem Wort (Verb) auf der Rückseite.

Namensgedichte

Beispielgedichte mit den Anfangsbuchstaben der Namen Lisa, Anton und Flora sollen zum Schreiben eigener Gedichte mit dem eigenen Namen oder dem Namen des besten Freundes, der besten Freundin anregen. Am Schluss die Gedichte am Computer gestalten. Darauf achten, den ersten Buchstaben deutlich hervorzuheben: andere Schrift, größerer Schriftgrad, Farbton.

★ Für die meisten Schulanfänger wird es eine große Leistung sein, wenn sie zu jedem Anfangsbuchstaben ein passendes Wort finden.
Nur sehr schreiberfahrene Kinder werden es schaffen, einen durchgehenden Text zu schreiben. Es kann vorkommen, dass lauttreu geschriebene Wörter von der rechtschriftlichen Norm abweichen (Circus, Citrone, Komputer ...).

Lieblingsdinge

Die Kinder notieren oder malen zu verschiedenen Bereichen jeweils ihren Favoriten.

Meine Klasse

① Mit diesem Arbeitsblatt setzen sich die Kinder mit dem sozialen System Klasse auseinander, sowohl auf formaler Ebene (Anzahl der Kinder, Namen) als auch auf persönlicher Ebene:
Bild von der Klasse malen, was ist wichtig in der Klasse?
② Jeweils ein Bild passt nicht zu den anderen.
Lösung: Der Ball ist kein Schulutensil, der Bleistift besteht nicht aus Papier.

Hier wohne ich

① Bei diesem Arbeitsblatt geht es um das Zuhause des Kindes und der Familie. Die Kinder malen ein Bild des Hauses, in dem sie wohnen. Auf die Linien und in die Felder kommen weitere Informationen.
② Welches Tier wohnt hier? Die Kinder schreiben den Namen eines „typischen Bewohners" auf.

© SCHUBI

Erläuterungen zu den Arbeitsaufträgen

Meine Familie

Die Kinder werden durch die Bilder der verschiedenen Familien angeregt, ein Bild von ihrer Familie inklusive der Haustiere zu malen und anschließend zu beschreiben: „Zu meiner Familie gehören..."

Lesen, malen und schreiben

Entsprechend dem Lesetext das Bild vervollständigen. Auf die Linien schreiben die Kinder Dinge, die sie gemeinsam mit ihren Eltern machen.

★ Bei diesem Arbeitsblatt gibt es zwei Schwierigkeitsgrade. Die einfachere Variante ist durch eine Feder gekennzeichnet, die schwierigere durch ein Gewicht. In beiden Fällen können die Kinder die Aufgabe aber nur bearbeiten, wenn sie schon lesen können.

Mein Stammbaum

Einen eigenen Stammbaum zu erstellen, ist nicht einfach, vor allem, wenn es sich bei bei der eigenen Familie nicht um eine „klassische" Familienkonstellation handelt. Vielleicht muss die Lehrerin dem Kind helfen, eine geeignete Darstellung für seine Familienkonstellation zu finden. Als Anhaltspunkt finden sich auf der Aufgabenkarte eine „traditionelle" Familienkonstellation und eine vereinfachte Darstellung einer „Patchworkfamilie". Die zusätzliche Kopiervorlage mit leeren Feldern kann für eine solche Gestaltung genutzt werden.

Anmerkung: Das Bild des Baums ist in dieser Darstellung eigentlich nicht korrekt, weil die Zweige im Prinzip die Nachkommen bilden müssten und nicht die Vorfahren. Da diese Darstellung aber allgemein üblich ist, wird sie auch hier übernommen.

Diese Aufgabe eignet sich auch als Hausaufgabe, weil die Kinder oft nicht mit allen Namen und Zusammenhängen vertraut sind.

Vorbereitung: Die Kopiervorlage mit den leeren Kästchen kann genutzt werden, wenn andere Familienmitglieder dazukommen, z. B. Geschwister oder neue Lebenspartner der Eltern.

Ich gehöre zu meiner Familie

① Hier geht es um Begriffe in Bezug auf verwandtschaftliche Verhältnisse. Die Kinder sollen eintragen, zu welchem Familienmitglied sie in welchem Verhältnis stehen. Zur Vorbereitung dieser Aufgabe suchen die Kinder aus den Karten passende Familienkonstellationen aus und schreiben sie dann in die Linien.

② Bei dieser Aufgabe geht es um Wahrnehmung und Koordination.

Vorbereitung: Die Karten müssen zerschnitten werden. Um einen flexiblen Umgang mit dem Material zu ermöglichen, wurden auch regionale Unterschiede/Begriffe mit aufgenommen. Unübliche Begriffe sollten von der Lehrerin aussortiert werden.

© SCHUBI

Erläuterungen zu den Arbeitsaufträgen

Lauter Verwandte 18

① Die Rätsel sind aus Sicht der Kinder formuliert. Die Kinder können auch angeregt werden eigene Rätsel zu formulieren und diese anderen Kindern zu stellen.

 Ist die Aufgabe für die Klasse zu schwierig – vor allem wegen der Notwendigkeit, die Bezeichnungen rechtschriftlich richtig einzutragen – können die sechs Lösungen in geänderter Reihenfolge auf der Auftragskarte notiert werden: Bruder, Eltern, Geschwister, Onkel, Opa, Tante.

② Die Reptilien mit drei Farben einfärben, ohne dass sich gleiche Farben berühren. Dies funktioniert am ehesten, wenn man in der Mitte beginnt.

 Wenn Kinder große Schwierigkeiten haben, kann man die Aufgabe auch auf vier Farben erweitern oder die Kinder auffordern, möglichst wenige Farben zu benutzen.

Aufgaben in der Familie 19

① Zu den Bildern schreiben die Kinder die Bezeichnungen für die entsprechenden Haushaltstätigkeiten. In das leere Feld malen die Kinder eine weitere Tätigkeit.

② In die Liste werden zunächst alle Familienmitglieder eingetragen. Dann kreuzen die Kinder an, wer im Haushalt für welche Tätigkeiten zuständig ist. Dabei können selbstverständlich auch mehrere Kreuze gemacht werden. Man kann auch darüber nachdenken, ob große und kleine Kreuze gemachte werden sollen, wenn einzelne Familienmitglieder bei bestimmten Aufgaben unterschiedlich stark eingebunden sind.

Familiengeschichten 20

Zu den Erzählbildern mit den Familiensituationen schreiben die Kinder Geschichten. Die farbigen Bilder können als Vorlage benutzt werden. Die Kinder suchen sich ein Bild aus und kleben das kleine Bild aus der Kopiervorlage auf ein Geschichtenblatt.

Die Erzählbilder können auch für das mündliche Entwickeln von Geschichten verwendet werden oder als Anlass, um von eigenen Erlebnissen zu berichten.

© SCHUBI

Auftragskarten

Mein Steckbrief

① Schreibe über dich und deine Familie:
Male dich in den Kasten. Fülle den Steckbrief aus.
Was ist noch wichtig?
Schreibe es in die zusätzlichen Zeilen.

② Zeichne das Kreuzbild noch einmal in die leeren Kästchen.

? Helferkind: _____

© SCHUBI

Faltheft: Ich

① Lege das Blatt quer mit der Schrift nach unten.
Falte es einmal von unten nach oben.
Klappe es wieder auf.

② Drehe das Blatt um 90 Grad.
Falte es einmal von unten nach oben.

③ Dreh das Blatt mit der Schrift nach oben.
Falte das Blatt von unten bis zur Knickfalte.
Klappe es wieder auf.
Falte das Blatt von oben bis zur Knickfalte.
Klappe es wieder auf.

④ Schneide mit der Schere die Mittellinie von der Knickfalte bis zu Hälfte wie auf der Zeichnung ein.

⑤ Falte das Blatt wieder auf. Fasse es links und rechts wie auf der Zeichnung und schiebe die Seiten in die Mitte.

⑥ Knicke das Heft so, dass das Titelblatt vorne ist.

Male und schreibe etwas Passendes auf die einzelnen Seiten.

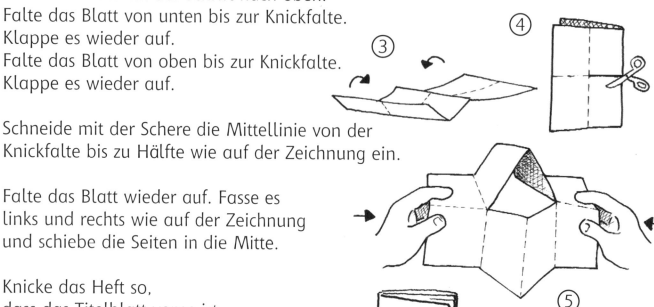

? Helferkind: _____

© SCHUBI

Körperwörter

① Wie nennt man die Körperteile eines Menschen?
Schreibe neben die Bilder die passenden Wörter.
Wenn du schon gut schreiben kannst, dann schreibe auch
den Artikel „der", „die" oder „das" davor.
Du kannst auch jeweils einen kleinen Satz schreiben.

② Überlege, wie die Reihen weitergehen.

? Helferkind: _____

© SCHUBI

Junge und Mädchen

① Schreibe die folgenden Wörter in die richtigen Kästchen:

Arm – Auge – Bauchnabel – Bein – Brust –
Fuß – Haare – Hals – Hand – Kinn – Knie –
Mund – Nase – Ohr – Schulter – Zehe

Zeichne die fehlenden Linien ein.

② Zeichne die Gesichter weiter.

? Helferkind: _____

© SCHUBI

Junge und Mädchen

① Schreibe die folgenden Wörter in die richtigen Kästchen:

Arm – Auge – Bauchnabel – Bein – Brust –
Fuss – Haare – Hals – Hand – Kinn – Knie –
Mund – Nase – Ohr – Schulter – Zehe

Zeichne die fehlenden Linien ein.

② Zeichne die Gesichter weiter.

? Helferkind: _____

© SCHUBI

Was mein Körper alles kann…

Dein Körper kann vieles. Gestalte zu einzelnen Körperteilen wie Auge, Ohr, Nase, Mund, Kopf, Hand, Arm, Bein… jeweils ein neues Blatt. Schreibe oben auf das Blatt:

Mein _____ kann…

Zeichne das Körperteil und schreibe alles dazu, was es kann.

? Helferkind: _____

© SCHUBI

Das kann ich schon – Das will ich lernen

① Was kannst du schon alles? Male das Feld grün. ⬜

Was willst du noch lernen? Male das Feld rot. ⬜

Trage in die freien Felder Dinge ein, die du schon kannst oder noch lernen möchtest.

② Kreise unten die gleichen Zeichen ein.

? Helferkind: _____

© SCHUBI

Hobbys

Ziehe mit farbigen Stiften die Linien nach.
Jede Linie führt zu mehreren Hobbys.
So findest du heraus, welche Hobbys die Kinder haben.

Schreibe passende Sätze auf.

? Helferkind: _____

© SCHUBI

Gefühle-Memospiel

① Spiele mit anderen Kindern das Memospiel:

Die Karten werden mit den Bildern nach unten auf dem Tisch verteilt und gut gemischt. Reihum dürft ihr zwei Karten umdrehen.
Wenn du ein Paar gefunden hast, darfst du die beiden Karten behalten.
Du bist noch einmal dran.

Wenn du unterschiedliche Karten aufgedeckt hast, musst du die Karten wieder verdeckt zurücklegen. Das nächste Kind ist an der Reihe.

Wenn alle Paare gefunden sind, ist das Spiel zu Ende.

② Suche dir drei Karten aus.
Wie guckt das Kind?
Was ist wohl passiert?
Warum fühlt sich das Kind so?

Schreibe etwas Passendes auf.

Beispiel: Das Mädchen ist traurig, weil …

? Helferkind: _____

© SCHUBI

Was machen die Kinder?

Lege die Karten mit den Bildern nach oben auf den Tisch.

Fange mit der Karte „Was machen die Kinder?" an.
Lies den Text auf der Rückseite und finde das passende Bild dazu.
Lies auch bei dieser Karte wieder die Rückseite und suche das Bild.

So geht es weiter, bis du alle Karten in der richtigen Reihenfolge sortiert hast.

Helferkind: _____

© SCHUBI

Namensgedichte

Auf dem Aufgabenblatt findest du vier Namensgedichte.

Fällt dir etwas auf?

Du kannst selbst mit deinem Namen Gedichte schreiben:

Schreibe die Buchstaben deines Namens untereinander.
Überlege dir zu den Buchstaben Wörter, die zu dir passen.
Du kannst auch versuchen, die Wörter zu einem oder mehreren
Sätzen zu verbinden.

Wenn du zufrieden bist, dann tippe dein Gedicht auf dem Computer ab.

Gestalte den ersten Buchstaben besonders.

Du kannst auch den Namen von einer Freundin oder einem Freund nehmen.
Tipp: Gedichte kann man auch verschenken.

Helferkind: _____

© SCHUBI

Lieblingsdinge

Hast du einen Lieblingswunsch?
Hast du eine Lieblingsfarbe?
Hast du ein Lieblingsessen?

Schreibe oder male überall in die Felder, was du am liebsten magst.

? Helferkind: _____

© SCHUBI

Meine Klasse

① Wie sieht deine Klasse aus? Was ist wichtig in der Klasse?
Male deine Klasse in den leeren Kasten.
Fülle den Lückentext aus.

② Jeweils ein Bild passt nicht in die Reihe. Kreise es ein.
Warum passt es nicht?
Schreibe die Begriffe zu den Bildern.

? Helferkind: _____

© SCHUBI

Hier wohne ich

① Wo wohnst du? Male dein Haus.
Mit wem wohnst du zusammen? Schreibe auf.
Notiere den Ort, in dem du wohnst, deine Straße, deine Hausnummer und deine Telefonnummer.

② Wer wohnt hier? Schreibe auf.

? Helferkind: _____

© SCHUBI

CH

Hier wohne ich

① Wo wohnst du? Male dein Haus.
Mit wem wohnst du zusammen? Schreibe auf.
Notiere den Ort, in dem du wohnst, deine Strasse, deine Hausnummer und deine Telefonnummer.

② Wer wohnt hier? Schreibe auf.

? Helferkind: _____

© SCHUBI

Meine Familie

Jede Familie ist anders.

Wie sieht deine Familie aus?
Gehören auch Haustiere zu deiner Familie?
Male deine Familie auf.

Schreibe dazu, wer alles dazu gehört.

? Helferkind: _____

© SCHUBI

Lesen, malen und schreiben

Lies den Text
und male die Bilder fertig.

Schreibe, was du gerne zusammen mit deiner Familie machst.

? Helferkind: _____

© SCHUBI

Mein Stammbaum

Ein Stammbaum zeigt, wer unsere Vorfahren sind.
Hier kann man sehen, wer unsere Eltern sind,
wer die Eltern unserer Eltern sind, wer die Eltern
unserer Omas und unserer Opas sind und immer so
weiter. Male alle, die du kennst oder mit deinen
Eltern herausfindest, dazu.

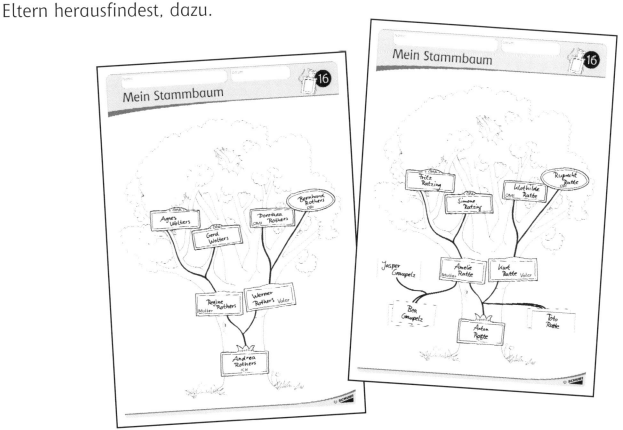

? Helferkind: _____

© SCHUBI

Ich gehöre zu meiner Familie

① Anton ist der Sohn von seiner Mutter.
Lisa ist die Schwester ihrer Geschwister.
Hugo ist der Neffe seiner Tante.

Was bist du alles? Die Karten können dir dabei helfen.
Schreibe passende Sätze auf.

② Zeichne den Wollfaden genau wie in der Vorlage um die Kreise.

? Helferkind: _____

© SCHUBI

Lauter Verwandte

① Jeder Mensch hat Verwandte.

Löse die Rätsel!

② Wähle drei Farben. Färbe die Eidechsen mit diesen drei Farben ein.
Es dürfen sich nie zwei Eidechsen mit derselben Farbe berühren.

? Helferkind: _____

Aufgaben in der Familie

① In einer Familie gibt es viele Aufgaben.
Einige davon siehst du auf den Bildern.
In ein Feld kannst du selbst eine Aufgabe malen.

Schreibe dazu, wie man diese Tätigkeiten nennt.

② Wer macht diese Aufgaben bei euch zu Hause?
Fülle die Liste aus.

? Helferkind: _____

Familiengeschichten

Suche dir ein Bild aus
und schreibe dazu eine passende Geschichte.

? Helferkind: _____

? Helferkind: _____

? Helferkind: _____

? Helferkind: _____

? Helferkind: _____

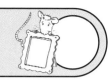

? Helferkind: _____

Arbeitsblätter

Name:
Datum:

Mein Steckbrief

① Mein Name ist _____
(Vorname)

_____
(Nachname)

So sehe ich aus:

Ich bin ____ Jahre alt.

Ich bin am _____ geboren.

Die Namen meiner Eltern

sind _____ und _____ .

Die Namen meiner Geschwister sind _____

_____ .

Was noch wichtig ist: _____

_____

_____

_____

②

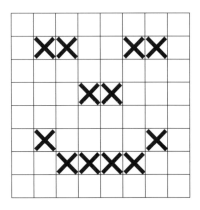
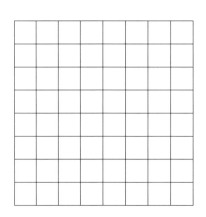

Das ist mein Fingerabdruck:

Meine Augenfarbe ist _____ .

Ich bin

Ich wohne: _____

Meine Haare sind _____ .

Mein Freund, meine Freundin: _____

Meine Lieblingsfarbe _____

Mein Lieblings …

Körperwörter

①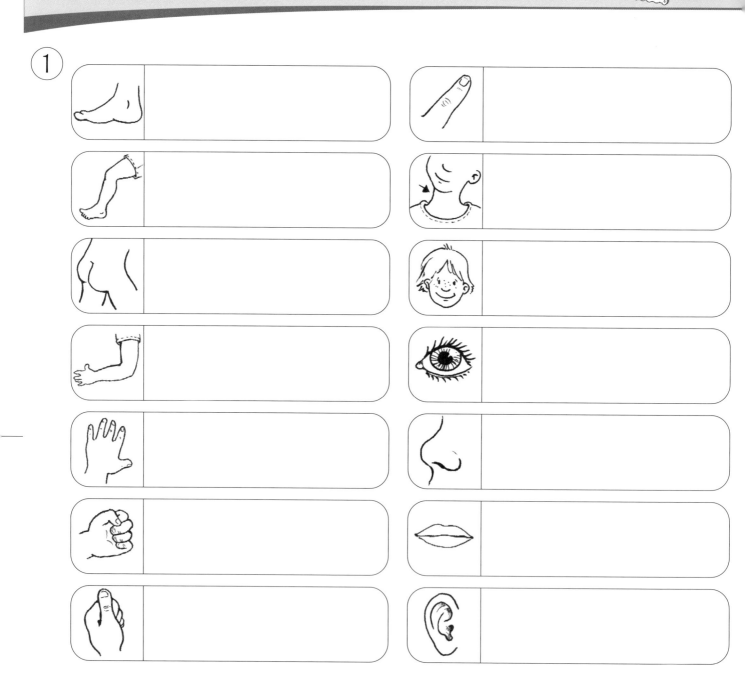

②

Name: Datum:

Junge und Mädchen

①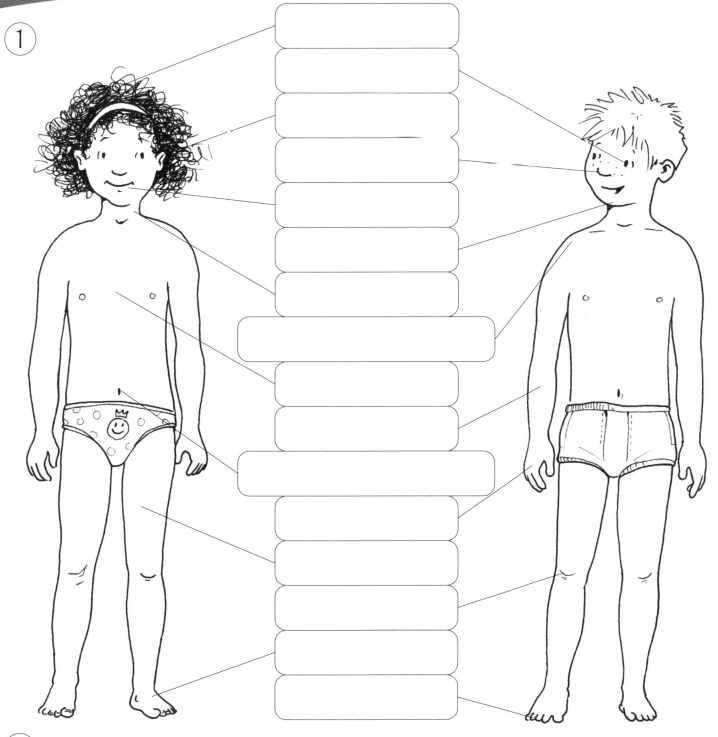

②

Name:	Datum:	

Das kann ich schon – Das will ich lernen

① ☐ sprechen ☐ denken ☐ Malrechnen
☐ lesen ☐ Englisch ☐ fernsehen
☐ schreiben ☐ fliegen ☐ Zähne putzen
☐ Fahrrad fahren ☐ träumen ☐ Rasen mähen
☐ Seil springen ☐ singen ☐ Auto fahren
☐ hören ☐ schreien ☐ tanzen
☐ einkaufen ☐ Wäsche waschen ☐ bügeln
☐ Schuhe binden ☐ Ball spielen ☐ gemein sein
☐ Chinesisch ☐ rennen ☐ lieb sein
☐ mehrere Sprachen ☐ Nase bohren ☐ aufräumen
☐ schwimmen ☐ tauchen ☐ rutschen
☐ klettern ☐ Theater spielen ☐ surfen
☐ _____ ☐ _____ ☐ _____
☐ _____ ☐ _____ ☐ _____

②
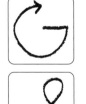 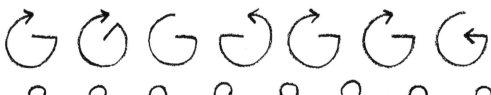

Hobbys

Iris   Rolf   Tina   Linus

Name: Datum:

Namensgedichte

Lachen
Indianer spielen
Schreiben
Angeln

Fallschirmspringerin,
Luftballonverkäuferin,
Oberärztin,
Rennfahrerin,
Automechanikerin möchte ich werden.

Alte
Nashörner
Tragen
Oft
Nashornwärmer.

Lieblingsdinge

11

Name:
Datum:

- Mein Lieblingswunsch
- Meine Lieblingsfarbe
- Mein Lieblingsessen
- Mein Lieblingsspiel
- Mein Lieblingsbuchstabe
- Meine Lieblingstag
- Mein Lieblingsberuf
- Mein Lieblingsfilm
- Mein Lieblingssport
- Mein Lieblingslied
- Mein Lieblingsbuch
- Mein Lieblingstraum
- Meine Lieblingszahl
- Mein Lieblings…

Meine Klasse

Name:
Datum:

1 So sieht meine Klasse aus:

Meine Klasse: _____

In der Klasse sind _____ Kinder,

_____ Mädchen und _____ Jungen.

Unsere Lehrerin: _____

Ich sitze neben _____.

Hier wohne ich

Name:
Datum:

13

① So sieht unser Haus aus:

Ich wohne zusammen mit

Meine Stadt, mein Dorf:

Meine Straße:

Meine Hausnummer

Meine Telefonnummer

②

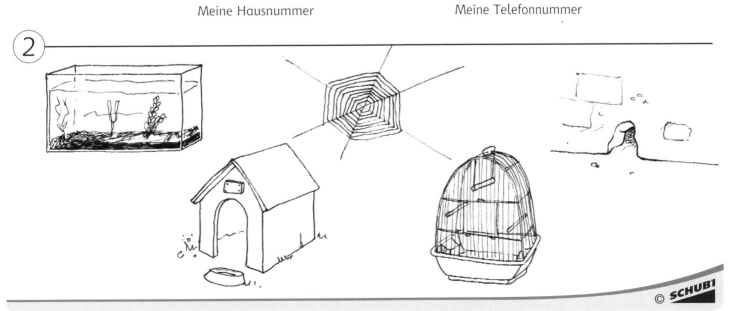

CH | Name: | Datum:

Hier wohne ich

13

① So sieht unser Haus aus:

Ich wohne zusammen mit

_____
_____
_____
_____
_____
_____

Meine Stadt, mein Dorf: Meine Strasse:

Meine Hausnummer   Meine Telefonnummer

②
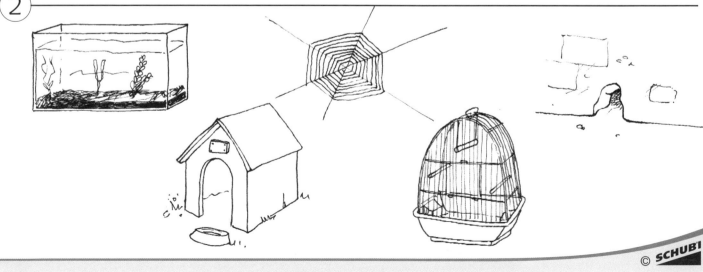

Name:

Datum:

Meine Familie

14

Zu meiner Familie gehören _____

_____

_____

_____

45

Lesen, malen und schreiben

Tom spielt mit Mama und Papa.

Er würfelt eine Eins.

Tom gewinnt.
Male die Figuren.

Alle trinken Tee.
Sie essen Kuchen.

Lesen, malen und schreiben

Tom spielt mit seinen Eltern ein Würfelspiel.

Tom hat die blauen Figuren, seine Mama die roten und sein Papa die grünen.

Tom hat schon drei Figuren in seinem Haus.

Der Vater hat noch gar keine Figur auf dem Spielfeld.

Er hat gerade eine Eins gewürfelt.

Auf dem Tisch stehen noch drei Gläser mit Apfelsaft und eine Schale Gummibärchen.

Mein Stammbaum

Name:
Datum:

16

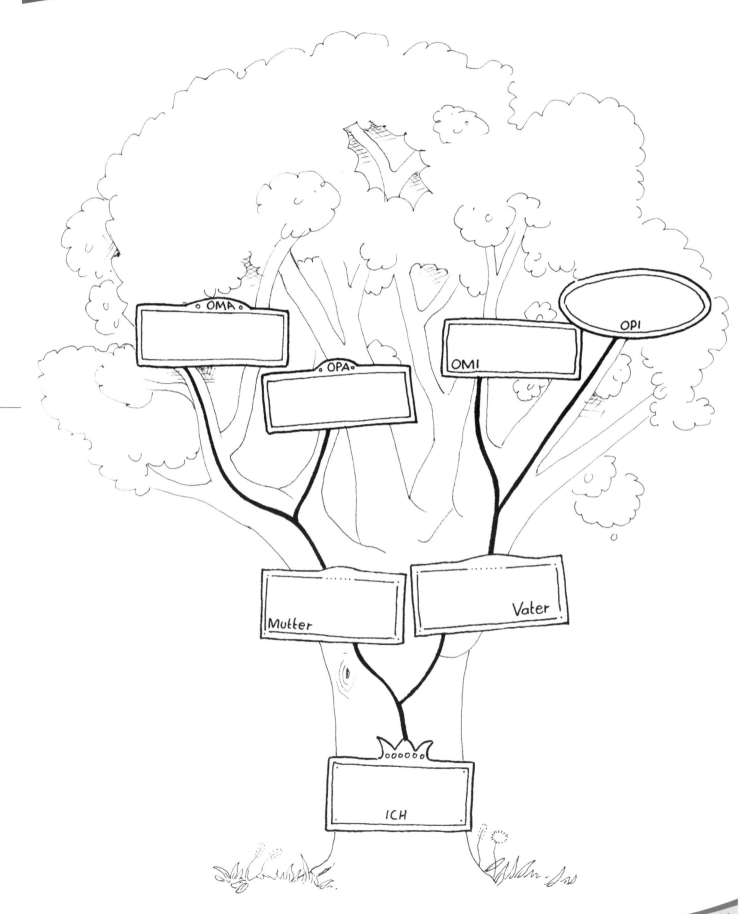

Mein Stammbaum:
Namensschilder zum Ausschneiden

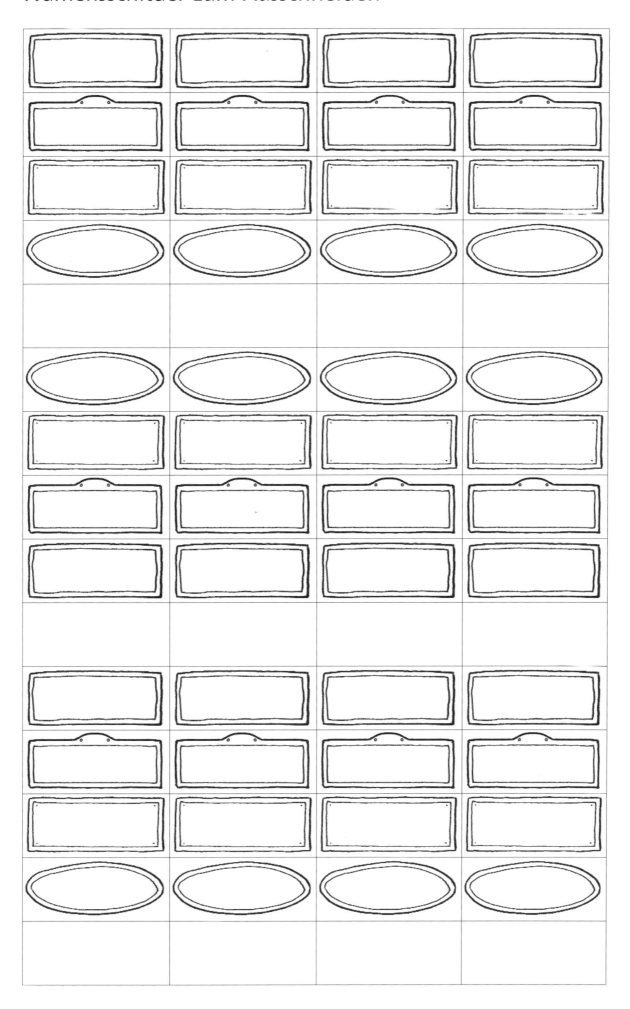

Ich gehöre zu meiner Familie

Name:
Datum:
17

① Ich bin das Kind von _____ .

Ich bin _____ von _____ .

Ich bin _____ von _____ .

Ich bin _____ von _____ .

Ich bin _____ von _____ .

Ich bin _____ von _____ .

Ich bin _____ von _____ .

Ich bin _____ von _____ .

②

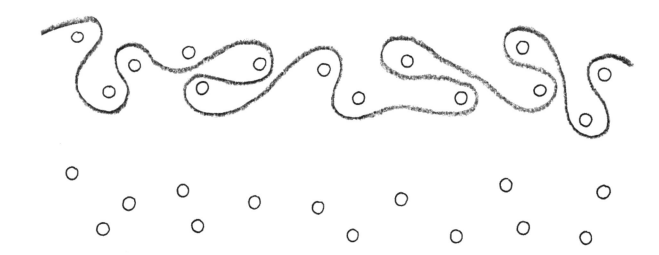

Vorlagen: Ich gehöre zu meiner Familie

der Neffe von	meinem Onkel
die Nichte von	meiner Tante
die Cousine von	meiner Cousine
der Cousin von	meinem Cousin
der Bruder von	meiner Schwester
die Schwester von	meinem Bruder
	meinen Geschwistern
die Tochter von	meinen Eltern
der Sohn von	meiner Mutter
	meinem Vater
der Enkelsohn von	meinen Großeltern
die Enkeltochter von	meiner Oma
der Enkel von	meinem Opa
die Enkelin von	meiner Großmutter
	meinem Großvater
das Patenkind von	meiner Patentante
meiner Patin	meinem Patenonkel
meinem Paten	meinen Paten

D

Vorlagen: Ich gehöre zu meiner Familie

CH

der Neffe von	meinem Onkel
die Nichte von	meiner Tante
die Cousine von	meiner Cousine
der Cousin von	meinem Cousin
der Bruder von	meiner Schwester
die Schwester von	meinem Bruder
	meinen Geschwistern
die Tochter von	meinen Eltern
der Sohn von	meiner Mutter
	meinem Vater
der Enkelsohn von	meinen Grosseltern
die Enkeltochter von	meiner Oma
der Enkel von	meinem Opa
die Enkelin von	meiner Grossmutter
	meinem Grossvater
das Gottenkind von	meiner Gotte
das Göttikind von	meinem Götti

Lauter Verwandte

① Ich bin die Schwester deiner Mutter.
Ich bin deine ☐☐☐☐☐ .

Ich bin der Vater deiner Mutter.
Ich bin dein ☐☐☐ .

Ich bin der Sohn deiner Eltern.
Ich bin dein ☐☐☐☐☐☐ .

Wir sind deine Mutter und dein Vater.
Wir sind deine ☐☐☐☐☐ .

Wir sind deine Brüder und deine Schwestern.
Wir sind ☐☐☐☐☐☐☐☐☐☐ .

Ich bin der Sohn deines Opas und deiner Oma,
aber ich bin nicht dein Vater.
Ich bin dein ☐☐☐☐☐ .

②

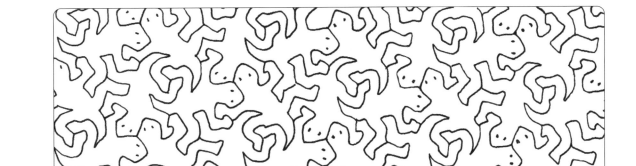

Name: Datum:

Aufgaben in der Familie

19

①

1 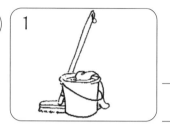 _____	6  _____
2 _____	7 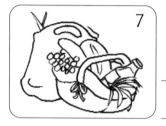 _____
3 _____	8  _____
4  _____	9  _____
5  _____	10 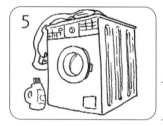 _____

②

	1	2	3	4	5	6	7	8	9	10
Ich										

Familiengeschichten
Bilder zum Ausschneiden

Erzählbild 1

Erzählbild 2

Erzählbild 3

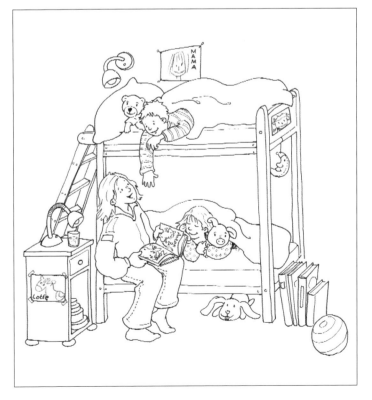

Erzählbild 4

Kontrolle und Zusätze

Lehrerkontrolle

Name	
Mein Steckbrief	1
Faltheft: Ich	2
Körperwörter	3
Junge und Mädchen	4
Was mein Körper alles kann	5
Das kann ich schon – Das will ich lernen	6
Hobbys	7
Gefühle-Memospiel	8
Lesekarten: Was machen die Kinder?	9
Namensgedichte	10
Lieblingsdinge	11
Meine Klasse	12
Hier wohne ich	13
Meine Familie	14
Lesen, malen und schreiben	15
Mein Stammbaum	16
Ich gehöre zu meiner Familie	17
Lauter Verwandte	18
Aufgaben in der Familie	19
Familiengeschichten	20

Ich und meine Familie

Anhänge und Extras

„Wenn du glücklich bist"

Volkslied

2. Wenn du fröhlich bist, dann pfeif doch mal ein Lied …

3. Wenn du traurig bist, dann wein doch einfach los …

4. Wenn du wütend bist, dann stampf mal mit dem Fuß …

5. Wenn du lustig bist, dann lach doch einfach los …

© SCHUBI

Scherenschnitt

Einen Scherenschnitt kannst du leicht selbst machen:

① Suche dir ein Helferkind.

② Befestigt einen Bogen farbiges Tonpapier mit Magneten an der Tafel.

③ Stellt den Tageslichtprojektor so auf, dass er auf das Tonpapier leuchtet.

④ Setze dich selbst so dazwischen, dass dein Schatten genau auf das Tonpapier fällt.

⑤ Jetzt musst du still halten, das Helferkind zeichnet mit einem Bleistift deinen Umriss auf das Papier.

⑥ Schneide deinen Schattenriss aus und klebe ihn auf ein andersfarbiges Blatt.

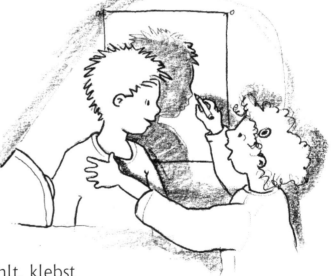

Tipp: Hast du einen hellen Farbton gewählt, klebst du deinen Scherenschnitt auf ein dunkles Blatt. Hast du einen dunklen Farbton gewählt, klebst du deinen Scherenschnitt auf ein helles Blatt.

⑦ Was ist dir wichtig? Welche Hobbys hast du? Was ist dein Lieblingsessen? ...

Klebe, male, schreibe auf deinen Schattenriss.

© SCHUBI

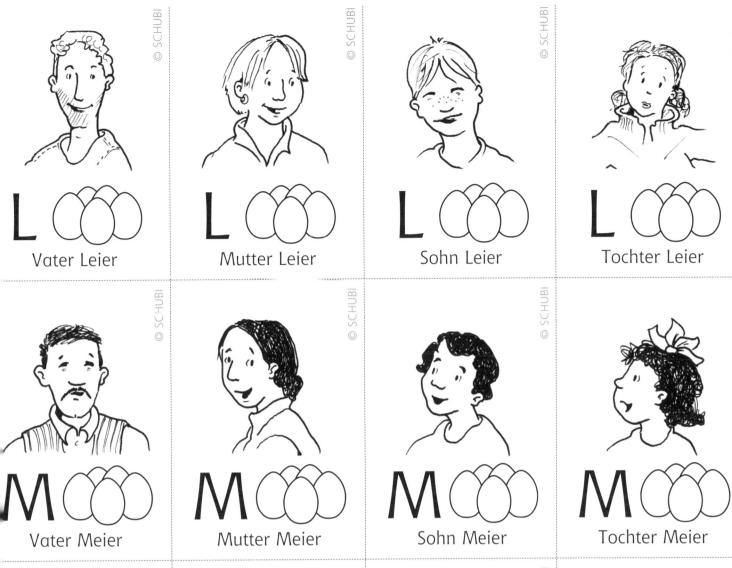

L	L	L	L
Vater Leier	Mutter Leier	Sohn Leier	Tochter Leier

M	M	M	M
Vater Meier	Mutter Meier	Sohn Meier	Tochter Meier

R	R	R	R
Vater Reier	Mutter Reier	Sohn Reier	Tochter Reier

W	W	W	W
Vater Weier	Mutter Weier	Sohn Weier	Tochter Weier

Familiengeschichten: Erzählbild 1

Familiengeschichten: Erzählbild 2

Familiengeschichten: Erzählbild 3

Familiengeschichten: Erzählbild 4